27
L n. 14075.

DISCOURS.

IMPRIMÉ CHEZ PAUL RENOUARD,
RUE GARANCIÈRE, N. 5.

DISCOURS

PRONONCÉ AUX

OBSÈQUES DE M. MÉTRAL,

HOMME DE LETTRES,

Le 2 septembre 1839,

PAR

M. BERRIAT SAINT-PRIX;

AVEC DES REMARQUES SUR SA VIE ET SES OUVRAGES.

PARIS.

LANGLOIS, RUE DES GRES-SORBONNE, 10.

1840.

DISCOURS

PRONONCÉ AUX

OBSÈQUES DE M. MÉTRAL,

HOMME DE LETTRES. (1)

Messieurs,

Si la mort d'un homme de bien est toujours un évènement fâcheux pour la société, combien cet évènement ne devient-il pas cruel, lorsque cet homme avait les mœurs les plus douces, l'esprit le plus bienveillant, le caractère le plus aimable; lorsqu'il put dire de lui-même avec assurance : « Je n'ai jamais fait de mal à autrui; je n'ai jamais dit du mal de qui que ce soit; j'ai été chéri de toutes les

(1) Pour cette cérémonie, voyez à p. 13, la note A.

personnes, quels que fussent leur rang, leur sexe, leur position sociale, avec lesquelles j'ai eu des relations un peu suivies?.. » Tel fut celui à qui nous rendons aujourd'hui ces tristes devoirs.

M. Métral, né Savoisien (2), mais à-peu-près Français par éducation ou par adoption, sortait à peine de l'enfance (3) lorsque son pays fut soumis par l'armée des Alpes, première conquête de la valeur française (4), suivie de tant d'autres pendant vingt années. Il s'associa bientôt à nos triomphes, et pourvu d'un emploi modeste, suivit dans quelques-unes de ses campagnes (5), cette armée immortelle d'Italie, conduite à la victoire par le premier capitaine des temps modernes.

(2) Pour le lieu de sa naissance et sa famille, *voyez* à la fin, la note B, p. 13.

(3) Il n'avait pas quatorze ans accomplis... *Voyez* la même note B, et la note C, p. 14.

(4) 19 septembre 1792. *Voyez* la note C.

(5) Après la bataille de Marengo (25 prairial an VIII ou 14 juin 1800). *Voyez* la note D, p. 15.

Rentré dans la Savoie, devenue dès longtemps province française (6), il mit à profit ses premières études qu'il n'avait point d'ailleurs interrompues pendant la guerre; elles avaient eu pour but principal la science des lois (7). Il en essaya l'application dans une profession peu relevée, mais fort utile, lorsqu'on l'exerce avec la délicatesse dont il ne se départit jamais, celle d'avoué auprès des tribunaux. Il se fixa alors à Grenoble et s'attacha à la Cour d'appel de cette ville, dont faisait partie le Mont-Blanc, qui comprenait une grande portion de l'ancienne Savoie.

Mais quoique dans cette profession, il se livrât plus à la plaidoirie (8) qu'à la rédaction des actes de procédure, une passion pronon-

---

(6) Elle avait été réunie par la Convention, à la France, sous le nom de département du Mont-Blanc, le 27 novembre 1792.. Un seul membre (Pénières) s'était opposé au décret.

(7) Voyez la note E, p. 15.

(8) Elle était alors permise aux avoués (voy. d'ailleurs la note F, p. 16.

cée pour les lettres lui fit au bout de peu d'années, renoncer à la capitale de l'Allobrogie et presque à son pays natal, retourné bientôt après sous la domination de ses anciens maîtres (9). Il vint à-peu-près se fixer dans notre capitale (10), ne revoyant ses dieux pénates que d'intervalle en intervalle et lorsque ses affaires particulières l'exigeaient. (11)

Il s'y lia avec plusieurs hommes éminens dans les arts et la littérature (12). Il fut admis comme collaborateur dans plusieurs journaux scientifiques et littéraires, tels que le bulletin de M. de Férussac, et cette Revue encyclopédique fondée par M. Julien, de Paris, dont

(9) Par le traité du 20 novembre 1815 (art. 1er). Lors de la première Restauration, en 1814, on avait laissé à la France, la partie du Mont-Blanc où se trouvaient Chambéry, Aix-les-Bains, Bordeaux (voyez la note G, p. 17), etc.; en un mot, le pays où était établie la famille Métral.

(10) Au mois de juin 1813.
(11) Voyez la même note G.
(12) Voyez la note H, p. 1⁓

on regrette si vivement et avec tant de raison, la cessation. Les articles que leur fournit M. Métral n'en furent, ni les moins nombreux, ni les moins intéressans. (13)

Bientôt il essaya de voler de ses propres ailes. Plusieurs ouvrages remarquables par un style animé et une imagination fleurie sortirent de sa plume (14); mais c'est surtout par les sentimens d'humanité qu'ils se distinguent. Il se voua en quelque sorte, comme un de ses amis, le célèbre Grégoire, à la défense de cette portion intéressante et nombreuse de l'humanité, qu'une différence de couleur avait fait croire aux Européens être d'une autre espèce que la nôtre, et par suite de ce préjugé si étrange, être aussi, de droit, soumise à la servitude. L'ouvrage de M. Métral sur les Esclaves est destiné à dissiper un tel préjugé, et

(13) Nous citons quelques-uns de ces articles, ci-après, note I, p. 17 et 18.
(14) Voy. l'indication de ses divers ouvrages à la note J, pag. 18 à 20.

il en est de même de son Histoire intéressante de ce noir illustre (15), non moins distingué par son courage et ses exploits que par ses facultés intellectuelles et ses talens administratifs, Toussaint-Louverture, espèce de roi et surtout régénérateur de l'ancienne île de Saint-Domingue.

La présence de plusieurs habitans de ce pays (16), venus dans la capitale des sciences pour y compléter une instruction qu'on prétendait si mal-à-propos qu'ils étaient incapables d'acquérir, témoigne assez combien les Haïtiens ont de la gratitude pour les travaux les plus importans de M. Métral (17). Il voulait compléter ces travaux, et pour assurer en quelque sorte sa marche à l'aide de conseils éclairés, il s'était fait recevoir dans une asso-

(15) Nous voulons parler des Histoires de l'insurrection des esclaves et de l'expédition de Saint-Domingue (même note J, n° 5 et 12.)
(16) Voyez la note K, pag. 20 et 21.
(17) Voyez la note L, pag. 21 à 24.

ciation (l'Institut historique) où l'on s'occupe spécialement de l'objet de ses études (18). A peine sexagénaire, modéré dans ses goûts, sage dans sa conduite, jouissant d'une organisation excellente, on pouvait espérer que ses desirs se réaliseraient. Une maladie imprévue les a déçus, ainsi que ceux des amis des lettres, des siens propres et de sa famille. Elle a été, quoique fort longue, heureusement peu douloureuse, et ses souffrances ont été encore atténuées par les soins assidus, attentifs et au-dessus de tout éloge, que, de plus de cent cinquante lieues, deux de ses sœurs (19) sont venues lui donner.

(18) Il y fut admis le 21 février 1835 et placé dans la première classe (Histoire générale et Histoire de France). Il y a lu trois mémoires, dont le premier est relatif à l'histoire de la traite des nègres sur les côtes d'Afrique; le second, à celle de l'esclavage dans les deux Amériques (l'un et l'autre, d'après une lettre du secrétaire perpétuel, renferment de curieux détails); et le troisième, à la littérature des Egyptiens.

(19) Mesdemoiselles Françoise et Annette Métral (voyez note B, p. 14.)

Une pareille assistance a dû aussi diminuer tes regrets de quitter la vie, surtout en voyant sans cesse auprès de toi, ceux de tes amis qui ont pu connaître ton état, homme bon par excellence ! Mais la leur ne pourra être adoucie, toutes les fois qu'ils penseront, et comment n'y penseraient-ils pas souvent? à cette douceur, à cette aménité, à cette obligeance, à cette réunion enfin de toutes les vertus sociales et privées par lesquelles tu es bien assuré de vivre dans la mémoire et dans le cœur de tous ceux qui t'ont connu !...

NOTES FINALES.

A. Note renvoyée de page 5. — *Extrait du Moniteur du 5 septembre 1839.*

« M. A Métral, homme de lettres, connu par différens ouvrages, dont plusieurs relatifs aux Esclaves et à l'histoire de Saint-Domingue, est mort le 31 août, à l'âge de soixante ans. Ses obsèques ont eu lieu le 2 septembre au cimetière du Montparnasse. Parmi les personnes qui y assistaient, on remarquait MM. Burnier, capitaine d'artillerie, son cousin, Roux de Rochelle, ancien ministre de France aux Etats-Unis; Pellat et Perreyve, professeurs à l'Ecole de droit de Paris; Bertonnier, graveur, et un grand nombre de gens de couleur d'Haïti, de la Guadeloupe et de la Martinique, réunis pour rendre hommage à la mémoire du défunt.

« M. Berriat Saint-Prix, professeur à l'École de droit, son ami, a prononcé un discours sur sa tombe. »

B. Note renvoyée de page 6.

Antoine-Marie-Thérèse Métral naquit à Chambery le 23 octobre 1778, de Pierre-Antoine Métral, procureur au sénat de Savoie et de Marie-Thérèse Guinet. Il eut pour parrain son oncle maternel, Antoine Guinet, sous-brigadier des gardes-du-corps du roi de Sardaigne, grade qui fait supposer, ou de longs services, ou une assez grande illustration (en France, il donnait pour l'ordinaire, au moins rang de capitaine).

Pierre-Antoine a eu huit enfans : trois fils et cinq filles. Des fils, l'aîné, Antoine-Marie-Thérèse, est celui dont nous faisons l'éloge. Le deuxième, Vincent, officier d'infanterie française, périt en 1812, pendant la retraite désastreuse de Russie. Le troisième, Joseph, d'abord adjudant du génie; ensuite négociant à Lyon, s'était retiré à Chambéry, où il est mort le 9 mai 1839.

La nouvelle de sa mort paraît avoir fait une impression fâcheuse sur son frère aîné (il est tombé malade presque aussitôt après, et ne s'est plus relevé), qui le chérissait beaucoup (on voit dans ses papiers qu'il avait eu autrefois le projet de lui laisser sa fortune).

Voici les noms des filles : Eléonore, femme de M. Guinet, propriétaire, morte depuis long-temps; Marguerite, femme de M. Meunier, aussi propriétaire; Mariette, femme de M. Berthous, négociant; Françoise et Annette, non mariées. Toutes habitent Chambéry.

C. Note renvoyée de page 6.

L'armée française, commandée par le général Montesquiou, entra en Savoie du côté des Marches, entre Montmélian et Chambéry, le 19 septembre 1792. Les troupes sardes se replièrent presque aussitôt jusqu'au mont Cenis et au mont Saint-Bernard. La nouvelle de l'invasion arriva à la Convention nationale le 24 septembre, et le plaisant, c'est que la veille elle avait suspendu Montesquiou de ses fonctions, mais, dès le lendemain, elle rapporta son décret.

L'invasion fut accueillie avec enthousiasme par tous les Savoisiens éclairés. M. Métral fut du nombre. D'après une note trouvée dans ses manuscrits, il se hâta d'entrer dans un bataillon dit *de l'Espérance*, que formèrent ses condisciples (ce bataillon ne paraît pas avoir été employé).

D. Note renvoyée de page 6.

Ses parens l'avaient d'abord fait placer dans une manufacture d'armes. Il entra en 1801, dans les convois militaires, avec le grade, autant que nous pouvons nous le rappeler, d'adjudant-brigadier. Ce service lui fit voir une partie de l'Italie, Turin, Milan, Vérone, Venise, et il séjourna surtout à Vicence et à Brescia.

E. Note renvoyée de page 7.

Il avait étudié le droit à l'école centrale du Mont-Blanc, vers 1797 ou 1798, sous M. Picolet, ancien avocat fort distingué, à Chambéry, et, depuis, substitut et successivement conseiller à la Cour impériale de Grenoble. En revenant de l'armée, il travailla deux ans chez un avoué de Chambéry. Il mêlait à l'étude du droit et de la procédure, la lecture de Montesquieu, de Rousseau, de Condillac, de Métastase.

F. Note renvoyée de page 7.

La plaidoirie fut, en général, réservée aux avocats, le 2 juillet 1812, par un décret impérial équivalant de fait à la loi. Cette nouvelle règle paraît avoir influé sur la détermination prise alors par M. Métral, de renoncer à la profession d'avoué, quoiqu'il l'exerçât depuis sept ans (1805). Il prêta ensuite serment comme avocat, mais la littérature lui fit presque aussitôt abandonner le barreau.

Plusieurs de ses *plaidoyers* ont été publiés. Dans l'un d'eux, il traitait une question délicate sur laquelle notre jurisprudence n'est point encore fixée, celle de savoir si un enfant né plus de trois cents jours après la mort du mari, est *ipso facto*, illégitime. On l'a inséré, en 1809, dans les causes célèbres de Méjan (Dans celle-ci, M. Bérenger, de l'Institut, Pair de France et conseiller de cassation, alors Auditeur à la cour de Grenoble, portait la parole pour le procureur-général).

G. Note renvoyée de page 8.

Il passait la plus grande partie de ses voyages à Bordeaux, village où il possédait un ancien château féodal sur un monticule au bord du lac du Bourget, en face et à environ trois quarts de lieue d'Aix-les-Bains (Savoie) et dans une position magnifique (il a été décrit et figuré dans divers voyages pittoresques). Le bon Métral y reçut souvent avec sa candeur et sa simplicité ordinaires, des personnages distingués par leur rang, leurs talens, etc. On trouve cités dans ses manuscrits, la reine douairière de Sardaigne (Marie-Christine-Amélie-Thérèse, veuve de Charles-Félix); la princesse Borghèse, sœur de Napoléon; la duchesse d'Abrantès; le célèbre Talma...

H. Note renvoyée de page 8.

Nous pouvons citer indépendamment de Grégoire, MM. Bérenger (voy. p. 16) et Lemercier, de l'Institut; Champollion, conservateur à la Bibliothèque royale; Baude père, ancien préfet; J.-J. Baude, conseiller d'état; Espercieux, statuaire.

I. Note renvoyée de page 9. — *Articles principaux de M. Métral, insérés dans quelques journaux.*

Revue Encyclopédique. — 1. 1819, t. 1, p. 524 et suiv.; t. 3, p. 132 et suiv... De la littérature Haïtienne (cet article a été depuis imprimé séparément et

traduit en anglais et dans divers journaux étrangers.
— 2 et 3. 1820, t. 8, p. 341 et suiv. Sur la Démence de Charles VI, tragédie, et le Corrupteur, comédie, par M. Lemercier.— 4. 1822, t. 15, p. 295 et suiv. Sur Attila, tragédie, par M. Bis. — 5. 1827, t. 34, p. 224. Sur Célestine, roman de M. Dalban.

On peut voir d'autres articles aux tomes 3, p. 223; 5, p. 547; 6, p. 469; 7, p. 82, 213, 325 352; 10, p. 607; 11, p. 173; 15, p. 582; 23, p. 176; 24, p. 193; 28, p. 873.

Bulletin de Férussac.... Sur l'Histoire de la législation par M. de Pastoret.... Sur les mémoires relatifs à la vie et à la philosophie d'Empédocle.... Sur l'histoire des Français de M. de Sismondi.... Vicissitudes de la Louisiane et du Champ-d'Asile.... Considérations sur le caractère et le gouvernement de Francia, dictateur du Paraguay (ces deux derniers articles ont aussi été imprimés séparément).

Moniteur.... Sur la nouvelle édition de Cochin.

J. Note renvoyée de page 9. — *Ouvrages imprimés de M. Métral.*

1. Cantates de Métastase traduites en français, Grenoble, 1807, in-18.

2. Eugénie de Nermon, Paris, 1810, 2 vol. in-12; anonyme.

3. Réflexions sur la constitution proposée par le sénat au peuple et au roi, 1814, in-8.

4. Défense de l'article 8 de la charte, qui proclame le principe de la liberté de la presse, 1814, in-8.

5. Histoire de l'insurrection des esclaves dans le nord de Saint-Domingue, 1818, in-8° (On y rapporte avec détail, cette partie intéressante de l'histoire d'Haïti).

6. Conjectures sur les livres qui passeront à la postérité, 1818, in-8 (discours préliminaire de l'ouvrage indiqué plus loin, n. 3 des manuscrits).

7. Plan d'un dictionnaire des idées, 1818, in-8.

8. Testament de J.-J. Rousseau, trouvé à Chambéry en 1820, publié avec sa justification envers madame de Warens, 1820, in-8.

9. De la liberté des théâtres dans ses rapports avec la liberté de la presse, 1820, in-8.

10. Conjuration contre Attila, dans l'ambassade des Romains en 449, 1821, in-18.

11. Le phénix ou l'oiseau du soleil, 1814, in-12 (Cet ouvrage contient des considérations sur l'Égypte ancienne, présentées sous une forme allégorique et mythologique).

12. Histoire de l'expédition des Français à Saint-Domingue, sous le consulat de Napoléon Bonaparte, 1825, in-8.

13. Description naturelle, morale et politique du choléra-morbus, à Paris, 1833, in-12.

14. Les Esclaves, 2 vol. in-8, 1836 (Cet ouvrage

devait d'abord être publié sous le titre suivant, qui en indique l'objet : « Les fastes de l'esclavage des Africains, avec ses rapports dans les révolutions d'Europe et d'Amérique, divisés en douze livres »).

Ouvrages manuscrits. En voici la notice fournie par M. Métral lui-même, en 1834, à l'auteur de la France littéraire (M. Quérard).

1. Méthode neuve, simple et commode pour l'éducation.

2. Mœurs des peuples noirs, un fort volume.

3. Conjectures sur les livres qui passeront à la postérité (voir plus haut, n. 6).

4. Grandeur et Décadence des Égyptiens.

5. Les prophéties de l'histoire.

6. Le mariage original (roman).

7. La clémence d'Attila, poème tragique.

K. Note renvoyée de page 10.

Voici leurs noms, pays et qualités, par ordre alphabétique :

Arlet Durin, de Jérémie (Haïti), licencié en droit.

Bauduit Imbert, du Port-au-Prince (Haïti), docteur en droit.

Bégel, étudiant ès-sciences, des Cayes (Haïti).

Casabon, de la Trinité, peintre.

Degrange, étudiant (Basse terre... Guadeloupe).

Deproge, idem, du Fort-Royal (Martinique).

Forthould, étudiant (Martinique).

Jouannet, docteur en droit, avocat à la cour royale de Paris (Guadeloupe).

Lapalme, étudiant en droit (Martinique).

Lespinasse, étudiant, du Port-au-Prince (Haïti).

Marchant, étudiant (Guadeloupe).

Panagoti, ancien élève de l'Ecole centrale des Arts et Métiers (Haïti).

Quiqueron, licencié en droit (Martinique).

Remi (Mondesir), étudiant en médecine, de Vauclin (Martinique).

Il manque à cette liste deux amis de M. Métral, qui se trouvaient malheureusement éloignés lors de ses obsèques, M. Remy Saint-Remi, avocat aux Cayes (Haïti), et M. Linstant, de Jérémie (Haïti).

L. Note renvoyée de page 10.

Le premier d'entre eux (note K, page 20), M. Arlet Durin, voulait le témoigner par un discours, qu'une pluie survenue à la fin de celui de M. B. S. P., ne lui permit pas de prononcer. Il a bien voulu nous le remettre, et nous nous empressons de le publier.

Messieurs,

« Il y a quarante ans, M. Métral rassemblait toutes les forces que donnent l'étude et la jeunesse pour se consacrer au bien-être de l'humanité ; la profession du barreau lui paraissant le plus propre à réaliser ce but, il l'embrassa. La même pensée la lui fit abandonner plus tard, au moment où ses talens touchaient à la considération publique : l'esclavage des Noirs lui parut si odieux, qu'il pensa que la liberté était le plus sublime des droits. D'avocat, M. Métral, devient philanthrope, parce que philanthrope il s'élevait à la plus haute conception du bien ; dès-lors on le trouve occupant un des premiers rangs dans cette secte admirable des philanthropes luttant contre l'intérêt colonial. Persuadé que les progrès de la civilisation étaient incompatibles avec l'existence de l'esclavage et de la traite, il déploya tous ses talens à les combattre; et se soutint avec gloire dans la lutte, honoré de l'amitié de l'illustre évêque Grégoire.

« M. Métral peut revendiquer une grande part de la révolution morale opérée dans les idées des modernes sur la constitution sociale des colonies : d'avoir préparé un monde à une nouvelle civilisation ; d'avoir arraché de nombreuses victimes au malheur en faisant descendre la pitié sur elles. Rien, en effet, n'a pu attirer plus de partisans à la liberté des Nègres que ce qu'il en a dit dans ses écrits. Son ouvrage sur la *littérature des Noirs* dissipa beaucoup de préjugés et fut un objet de louange pour l'auteur, en France et en Angleterre : il fut, il est vrai, attaqué par des ennemis puissans et acharnés, mais si leurs moyens furent plus faciles, leurs écrits plus répandus par l'or, ils étaient loin de produire dans les esprits l'effet de l'inspiration élevée de la pensée du philanthrope, et de son imagination si vive et si poétique. Deux autres ouvrages, l'*Expédition française* et l'*Insurrection* sont empreints de cette sensibilité de l'homme de bien, de cette conviction entraînante qui remue et passionne le lecteur pour une noble cause. Dans une narration touchante et rapide, la grande catastrophe de Saint-Domingue, apparaît sous un aspect nouveau; le récit perdant le caractère odieux que le préjugé lui avait donné, prend une forme historique et devient un enseignement utile; les conséquences rattachées à leur cause, montrent le malheur de toutes les classes, né de l'esclavage et des préjugés.

« Ce ne fut point une ardeur passagère qui animait le philanthrope. Si, encore jeune, il eut la gloire de rechercher la vérité dans ses veilles, sur son lit de mort, il eut la consolation de l'avoir pratiquée et répandue : ce fut là sa seule ambition. La gloire qu'il acquit de bonne heure et qu'il n'a point abandonnée plus tard, pour voler à d'autres honneurs; quarante ans de presque toute sa vie sont un témoignage qu'il n'aimait le culte de la vérité que pour lui-même, car jamais il ne fut découragé, mais il persévéra en l'absence de toute idée lucrative, en interrogeant le témoignage de sa conscience ; et pour atteindre son but, il oubliait qu'il possédait de la fortune, et il vivait dans une entière abnégation de lui-même, comme s'il n'eût éprouvé d'autre besoin que celui de bien faire, et conçu d'autres moyens d'exécuter le bien-être d'autrui qu'en oubliant le sien.

« Ceux qui ont été témoins de sa mort, se rappelleront avec quelle sollicitude, malgré les progrès du mal, il pensait encore à Haïti : ce fut l'idée avec laquelle il expira, comme l'évêque Grégoire. Mourant, il se représentait avec joie ceux qui vont naître pour la liberté, et son intelligence s'efforçait de tracer pour eux de nouveaux plans à un bonheur plus parfait; pareil à ces soldats mutilés, qui, près de mourir, vont chercher la place où leur corps servira de rempart.

« A ces grandes théories, M. Métral joignait la pratique du bien : charitable et bon pour le malheureux, d'une amitié douce, vraie, accessible à tous les âges, à toutes les conditions ; simple, modeste, grand, tel est l'homme que viennent de perdre les lettres et l'humanité, tel est celui dont les Noirs béniront toujours la mémoire. »

FIN.

www.ingramcontent.com/pod-product-compliance
Lightning Source LLC
Chambersburg PA
CBHW070501080426
42451CB00025B/3008